やわらかな地球

小沢千恵　詩・画

ジュニア・ポエム双書

もくじ

序詩　やわらかな地球　4

Ⅰ

あくしゅ　8
小さな　りょこう　10
春の音　12
うらら……の日　14
夏の思い出　16
空の海　18
鉄ナベ　20
耳かき　22
ライトアップ　24
冬じたく　26
真夏の夜のこわい話　28

Ⅱ

カタツムリのように　32
川の詩《うた》　34
なでる　38

III

雪の朝　42
海辺《うみべ》の町　44
アロエの花　46
冬のひまわり　48
大樹《たいじゅ》　50
高校野球　52
太陽　54
新月　58

うさぎ　62
ふるえる　66
鐘《かね》の音　68
一杯《いっぱい》の水を　72
父の思い出　76
イワシ　80
夕暮《ゆうぐ》れの電車の中で　84
あとがき　88

序《じょ》詩《し》

やわらかな地球

わたしは　此処《ここ》で生まれ
今　場所《ここ》にいる
青い地球の　青い水の中に
水はキラキラと輝《かがや》いて
わたしの中を通りすぎていく

この美しい地球の中で
空と雲　海の中にも

わたしの愛《あい》する人々がいて

耳を澄《す》ますと
いつもサラサラと聞こえてくる
たくさんの命《いのち》のリズムと
未知《みち》への冒険心《ぼうけんしん》を誘《さそ》う
秘密《ひみつ》の扉《とびら》が
ゆっくりと開く音が聞こえる

I

あくしゅ

初めて　であった人
「よろしくね」と言って
あくしゅ　してくれた

おじさんの大きな　あたたかい手と
わたしの小さな手
笑顔《えがお》の中に　やさしい目があって
背高《せいたか》のっぽの　そのおじさんは
ちょっと背《せ》をかがめて

わたしの小さな手を　にぎってくれた
初めて　であった人なのに

いつまでも消えないでほしい
さびしい時に　いつも思い出す
世界の中で　わたし一人じゃないと
この青い空のむこうに
わたしの知らない
たくさんの友だちがいて
いつか　あくしゅをしたい！

小さな　りょこう

わたしが　でんしゃに　のったとき
ようふくの上に
アリが一ぴき　のっていた

でんしゃが　ゆれる
わたしも　ゆれる
アリも　ゆれる

わたしが　アリを見ると
アリも　わたしを見あげている

ガタゴト　ガタゴト

とおくへ　きたね
わたし　おばあちゃん家《ち》にいくの
アリさんは　どこまでいくの?

ガタゴト　ゴトガタ
ゴトガタ　ガタガタ

アリと　わたしの
小さな　りょこう
今日はとっても　たのしい日

春の音

野の花　草のめ
くろい土を　おしのけて
聞こえてくるよ
小さな命《いのち》を　はぐくむ音

野原いちめん　吹《ふ》いてくる
みどりのそよ風
吹いてくる　吹いてくる
生まれたばかりの　春の風

まどをあけると　聞こえてくる
山里から
ちょろ　ちょろ　ちょろり
雪どけ水の春の音

わたしの体の中も
春がくる
よろこびで　ドキドキ
なみ打つむねの音

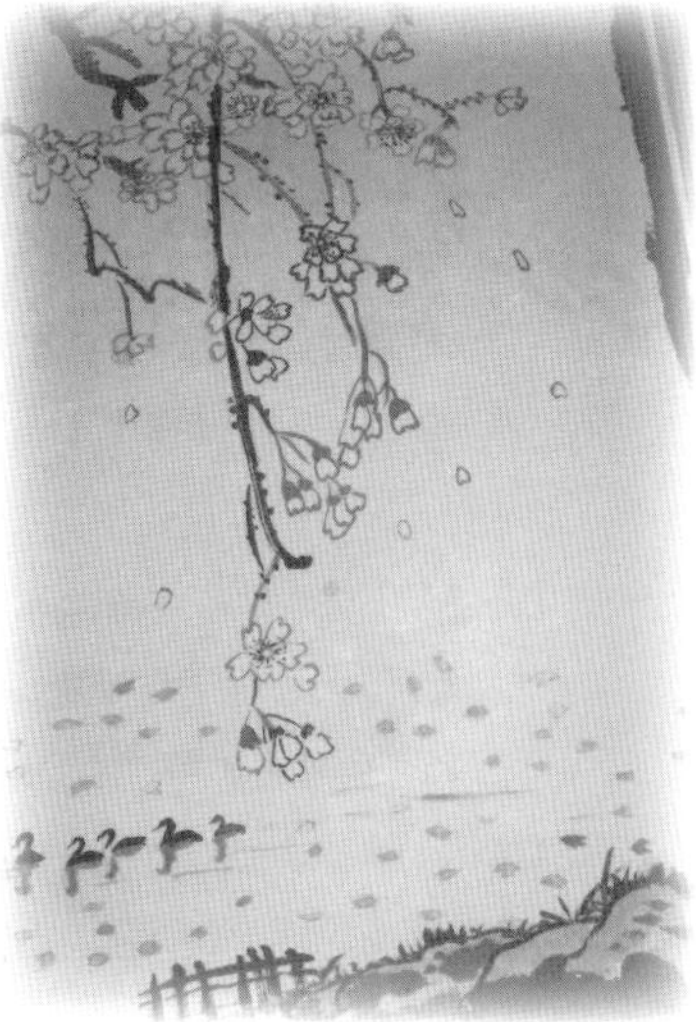

うらら……の日

冬のうららの日　池のそばで
小さな男の子が　言った
「氷を　取ってあげているんだよ
魚が　寒いからね」

春のうららの日　池のほとりで
小さな男の子が
池の水を　棒《ぼう》でかきまぜて
「ほら　こうすると　魚がよろこぶよ
水が　あたたかく　なるって」

子どもは　むかし
魚だったかもしれない
池の中の
魚や　カメや　カモたちと
お話し　できるから

わたしも　いつか魚であったかも
池や海にいくと
だれかが　わたしを呼んでいる
遠いむかし　大きな海の中で
ゆるやかな時間がながれる　うららの日
慈《いつく》しむクジラの歌を
聞いていた気がする

夏の思い出

夏になると　じいちゃんの畑は
みどりの野菜が　あふれ出る
いつも兄や弟と
野菜畑で　かくれんぼをした

じいちゃんの大きな手は　指《ゆび》の先の爪《つめ》まで
野菜のみどり色に染《そ》まって
お陽《ひ》さまの匂《にお》いがしみこんでいた

へちま
きゅうり
かぼちゃ
とうがん

まくわうり

じいちゃんは　今は何処《どこ》にもいない
秋になると　澄《す》んだ空の中に白い雲
だんだら模様《もよう》の空の畑で
野菜をつくっているのかな

今でも八百屋《やおや》の店先に
いっぱい並《なら》んでいる
じいちゃんの大好きだった野菜

糸瓜《へちま》
胡瓜《きゅうり》
南瓜《かぼちゃ》
冬瓜《とうがん》
甜瓜《まくわうり》

空の海

高い鉄とうの上に
青い空が広がり　白い雲

ぽっかり　のんびり　ゆったりと
大きな　おおきな　母さんクジラと
小さな　白いあかちゃんクジラ
空の中を　泳《およ》いでる
たのしそうな　笑《わら》いごえが
聞こえるようで

わたしも
青い海で
父さんと　いっしょに泳いだ夏の思い出
まぶしかったよ
水しぶきの中で　光っていた
父さんの　たくましい腕《うで》につかまって

青い空の中で
母さんクジラと　あかちゃんクジラ
わたしが　ふと目をそらしているうちに
小さな笑いごえだけ　のこして
空のむこうに　泳いでいった

鉄ナベ

この家に来てから二十年
タワシで　ゴシゴシなぜられて
磨《みが》かれたこともありました
それなのに
なぜか　色黒
まっ黒ナベ

スパゲッティに　お赤飯《せきはん》
野菜いために　天ぷら
カレーライスに　ホットケーキ
台所一番の働き者なのに
お客が来れば

色黒で　みっともないと
台所のすみに追いやられる
古い鉄ナベ

でも鉄ナベは
今日も台所のすみで
ほほえんでいる
ほら！
あの食卓《しょくたく》を囲《かこ》む笑《わら》い声

鉄ナベは
ゆっくり　伸《の》びをして
こっくり　こっくり……
今日も　いい日和《ひより》

耳かき

子どものころから
たくさんの土地の人々の話
遠くへ行ってしまった
なつかしい人の声も
楽しかった友だちの会話も
今では何一つ
頭の中にも残っていない

時どき耳の穴《あな》に
昔のなつかしい人々の言葉が
残っているものが
まだあるのではないかと思い
耳かきを使《つか》って

聞きたいことを
さがしているわたしがいる

ライトアップ

モミジは　はずかしくないのだろうか
まっ暗な夜の庭で
明るいスポットライトを受けて

たくさんのモミジの木があるのに
一本だけ照《て》らされて
葉は　ますます紅《あか》く染《そ》まって
うなだれて
チリチリと
暗《くら》いやみを　燃《も》やしている

冬じたく

観葉植物《かんようしょくぶつ》の鉢《はち》が
あたたかい窓《まど》の側《そば》のタナの上
所定《しょてい》の位置《いち》に落ち着きました

これで大丈夫《だいじょうぶ》！
ガラス窓から冬の光が差《さ》し込《こ》んで

部屋の中で　パチパチと
ストーブの焚《た》き木の燃える音

じいちゃんと　ばあちゃんと　わたし
耳を澄《す》ましている
これから始まる
長いながい冬の物語に
胸《むね》をはずませて

木枯《こが》らしは　もう北の峠《とうげ》まで
届《とど》いているのだろうか
雪っ子を連《つ》れた白い風になって

高いたかい山の峰《みね》で
母さんうさぎと　子どものうさぎも
冬じたく

真夏の夜のこわい話

わたしが　夜中に目をさますと
まっ暗な部屋《へや》の中で
闇《やみ》が動き出して生きている
ひる間　わたしの知らない怪獣《かいじゅう》が
活動を始める

キーン　キュル　キュルー　キューン
ゴトゴトゴットン　ゴトン　ゴトン
パッパッ　パクパク　パックン

白い冷ぞう庫が　暴《あば》れだし
闇をかきまわし　空気をふるわせて
踊《おど》りだす怪獣

昔《むかし》　おばあちゃんが話してくれたものがたり
昼間に　悪いことをした子どもの尻《しり》を
大きな指を持つ　庭の大きな八つ手の葉っぱが
ノッコラ　ノッコラ
眠《ねむ》っている子どもの尻をつかまえて
子どもが見る夢《ゆめ》の中まで
大きな口で食べにくるという

真夏のこわい話

わたしは　あわてて目をつむり
眠ったふりをする

次の日の朝
庭の八つ手の葉が
白くテカテカ光って
ゆらゆら　大きな手を揺《ゆ》らしていた

◎「八つ手」―常緑低木、葉は掌状《てのひらじょう》に裂《さ》けている。

Ⅱ

カタツムリのように

何度も　引《ひ》っ越《こ》しをした
荷台《にだい》に家財道具《かざいどうぐ》と　兄や弟とわたしを乗せて
走る軽三輪《けいさんりん》トラックは
おもしろかった

新しい学校は　どんな子がいるのだろうと
少し　不安《ふあん》だったが

古い家を　片付《かたづ》ける時

戸ダナのすみから
リボンのついた小さかったわたしの靴《くつ》
ふいに　家の奥《おく》から
「お出かけするよ」
家族のわらい声が　聞こえたことも

引っ越しは　思い出との別《わか》れの行事《ぎょうじ》
いつからか　わたしはカタツムリのように
大切なものを背負《せお》って
生きていきたいと
思うようになった

川の詩《うた》

六月のむし暑《あつ》い日曜日
町内ごとに
近所《きんじょ》の人で川さらいが始まる
水門を閉《し》めると
川底《かわぞこ》に魚がとびはね
バケツを手にした兄とわたしは
われ先に川底にとび降《お》り
手づかみで魚取りをした

破《やぶ》れたバケツや壊《こわ》れた自転車《じてんしゃ》
くつやサンダルの片一方《かたいっぽう》
捨《す》てられたゴミを片付けると
夏草のしげった川岸《かわぎし》は
よそいきの表情になり
ホタルの幼虫《ようちゅう》を住まわせる

岸辺《きしべ》のゴツゴツとした
岩のくぼみの中に
ポッカリとあいた暗《くら》い穴《あな》
いつも大人たちは言っていた
「悪いいたずらをすると　河童《かっぱ》が

川の中に足を引《ひ》っ張《ぱ》りこむんだぞ」

わたし達《たち》はじーっと息《いき》をひそめて
恐るおそる　暗い穴をのぞきこんだが
その暗やみの中から
こちらを見ている鋭《するど》い目があるようで
背中《せなか》がゾクッとした

川さらいが終わると
水は静かに流れ始め
ほっとしたあの瞬間《しゅんかん》

今でも満々《まんまん》と流れている
みどり色の川の中に
秘密《ひみつ》の生き物がいるようで
あの時の　わたしの一瞬《いっしゅん》が
川の底に　まだ残《のこ》っているようで
いつも　のぞいてみたくなる

なでる

夏の暑《あつ》い日だった
部屋の中に　広げた布《ぬの》の上に
母は薄《うす》い夏布団《ぶとん》を置《お》いて
ピーンと洗濯《せんたく》ノリがついた
布団カバーを一針《ひとはり》一針と縫《ぬ》い
顔や手から　汗《あせ》がしたたり落ちても
長い時間をかけて
両手で布団をなでながら
家族の布団カバーは出来上がった

母の手は　いつも物《もの》をなでていた
洗《あら》いたてのシーツやブラウスも
シワをのばすように
物を包《つつ》んでいた紙やヒモさえも

服に手を通すとき
石けんの香《かお》りと
母の手のクリームの匂いまで

両手で　なでる
物を　なでる

心を　なでる
親に何回も　なでてもらいながら
一人で大きくなったように思った時もあり

気がつくと
もう二度と　なでてくれる人はいない
初夏の庭に　母の好きだった
あじさいの大きな花が
風にゆれている

雪の朝

一晩中《ひとばんじゅう》　吹雪《ふぶき》
すっぽりと雪のマントに包《つつ》まれて
今　一番うつくしい朝を
迎《むか》えようとしている

わたしが生まれた日
一晩中　雪がふり続き
家は雪にうずもれていたという北の町で
産婆《さんば》さんが難《なん》ぎして

なかなか来ることが出来なかったと
父さんが何回も話してくれた

夜に魔法《まほう》の粉《こな》をふりまいたんだ
外の風景《ふうけい》は　一面《いちめん》の銀世界《ぎんせかい》
新しい日を迎《むか》える喜びにつつまれて
全てが新鮮《しんせん》に見える朝

わたしの心も
シャリーと引きしまり
去年《きょねん》と違《ちが》う　自分が生まれている

海辺《うみべ》の町

海辺の町では　どの家も
海に向かって窓《まど》を開いている

海は
いつも　そこにある
父ちゃんや　兄ちゃんが働く海が
いつも　ゆったりと広がっている
きのうの海とは　ちがう波
きょうの海は
新しい日々を　運ぶ波

足もとの岩かげに
小さなカニたちが集まって
ブッブッと泡《あわ》をとばしながら
海の大きさを議論《ぎろん》して

夕風が吹《ふ》くと
大漁旗《たいりょうばた》をひるがえして
浜《はま》に戻《もど》ってくる漁船《ぎょせん》に
母ちゃん達はエプロン姿《すがた》でかけていく

どの家も　海に向かって
窓が開かれている

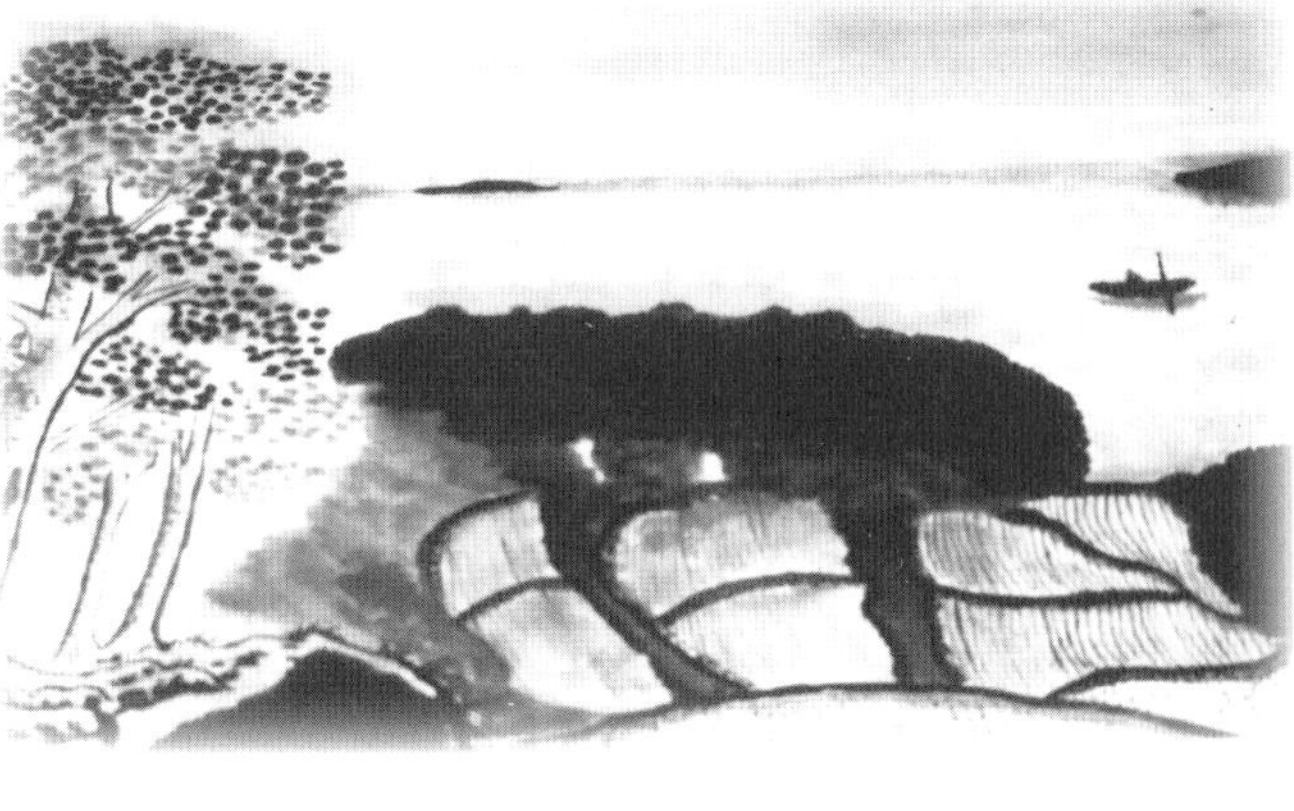

アロエの花

オレンジ色の祭りの花房《はなぶさ》だ
ホーイ　ホーイ　ホーイホイ
明るい光の中で　上に　斜《なな》めに　下向いて
オレンジ色の祭りの花房が燃えている
緑のトゲを持つ　葉群《はむら》のまん中で
光と風にささえられて
まつりだ　まつりだ　ホーイ　ホーイ

はるかな昔
ローマ時代《じだい》のクレオパトラも　使ったという
アロエの化粧水《けしょうすい》

ママも毎日　鏡《かがみ》の前で
パタパタと　真剣《しんけん》に
「少しは　きれいになるかしら？」

アロエの花は　永遠《えいえん》の時の中で
どこか　のんびり　たくましく
百薬草《ひゃくやくそう》として
エジプトの空を　思い浮《う》かべて
今日も　咲《さ》いている

ホーイ　ホーイ　ホーイホイ
明るい光の中で
オレンジ色の祭りの花房が　輝《かがや》いて

冬のひまわり

あんなに輝《かがや》いていた夏は
遠くに過ぎ去り
浜辺《はまべ》でやさしかった波の音
海の限《かぎ》りない広さに
体の中に　たくさんの夢を育《はぐく》み
いつか弾《はじ》けさせて　遠くへ
旅立《たびだ》つ日を　夢《ゆめ》みていたあの頃《ころ》

仲間《なかま》は一人去り　二人去り……
気がつくと
父ちゃんと海に出て

孤独《こどく》にがんばっているのは僕《ぼく》だけ
ボロボロになっても
笑《わら》われても
自分は自分と心の中でつぶやいて

裏庭《うらにわ》に忘《わす》れられた冬のひまわり
黒く醜《みにく》くなった葉を硬《かた》く握《にぎ》りしめ
北風に向かって　立っている

冬の海が
激《はげ》しくぶつかってくる
「おれ負《ま》けない！」つぶやくと
じっちゃんが
「おう！」船板《ふないた》を叩《たた》いた

大樹《たいじゅ》

長い長い年月を生きてきた
樹《き》には　精霊《せいれい》が宿《やど》っているという

見上げても　空は見えない
太い幹《みき》の先まで
雲のように広がっている花々
樹の肌《はだ》は　ゴツゴツと盛《も》り上がり
地面の上で　大蛇《だいじゃ》のように
根は　のたうち回って

すごいなあー
わたしよりも　ずっと長生きして

世の中のことを　何でも知っているように
父さんの父さんの
その先のじいさんの時代から
この地球をながめている

大樹は今
どんな想いで生きているのだろう
わたしは　この地球が大好きで
まだ会ったこともない未知の国
たくさんの世界の子ども達と
手をつないで仲良《なかよ》くしたいから

高い幹の上で
誰《だれ》かが　わたしに手をふっている

高校野球

青空のような　ブルーシャツの応援団《おうえんだん》
まっ黒に陽《ひ》やけした顔で
白い手袋《てぶくろ》が三三七拍子《びょうし》
どの子も笑《わら》っている

甲子園球場《こうしえんきゅうじょう》で
九回戦《せん》　同点に達《たっ》した時
勝負《しょうぶ》は　逆転《ぎゃくてん》になるかもと
球場の今までの波立ちが
一瞬《いっしゅん》に静まりかえり

必死《ひっし》のばん回で

ホームラン走者《そうしゃ》が塁《るい》を廻《まわ》り
球場は割《わ》れんばかりの声援《せいえん》
選手も応援団も
涙《なみだ》と汗の大拍手《だいはくしゅ》がわき起こる時

応援団の群《む》れの中に
君の笑顔《えがお》
一年生の時から
ついに選手になれなかった
くやしさと　耐《た》え忍《しの》んだ
汗と涙の毎日があったことを忘《わす》れて

君の生きてきた情熱《じょうねつ》の日々を
私は　忘れないでいる
君が此所《ここ》にいることを

太陽

明け方　窓《まど》をあけると
わたしの住む町は　まだ沈《しず》んでいる
遠い山々は　くすんだ色で眠《ねむ》りこけ
白い団地群《だんちぐん》の窓は　閉《と》ざされたままなのに
その建物の周辺に　動く小さな影達《かげたち》
自転車とウォーキング姿の若者《わかもの》は
生への活動を始めている
太陽はゆっくり　ゆっくりと
山々を目覚《めざ》めさせて

ニューヨークのマンハッタン
五月末《すえ》の夜明け
高層《こうそう》ビルとビルの間のすき間に
わずか十分間だけ
太陽の光の放射《ほうしゃ》ドラマが始まるという
アカンアルファという
光と時の瞬間接着剤《しゅんかんせっちゃくざい》
その日のために大勢《おおぜい》の人々が集まって

そこに住む人々は
朝の光に出会う喜び

生きる希望《きぼう》と
いくつもの夢《ゆめ》が生まれて
太古《たいこ》の時代から
光の出会いと　失《うしな》われていった時の行方《ゆくえ》があり

今日も
わたしの上にも朝がくる
太陽は素知《そし》らぬ顔で
地球を巡《めぐ》っている

新月

誰《だれ》かに呼《よ》ばれている気がした
しんしんと冷えている真夜中
誰かが呼んでいる

ほのかに明るい部屋の中で
布団《ふとん》から体を起こしカーテンを開けると
ガラス窓《まど》の外に輝《かがや》く丸い大きな月が
向かいの建物の横に浮《う》かんでいる
何か不思議《ふしぎ》な力で引き寄《よ》せられるように

わたしが夜空を見上げると
全身《ぜんしん》に浴《あ》びる月光

月よ
あなたはもう何億《おく》回もこの地球を巡《めぐ》り
今日という新年の始まりに
わたしをめぐり会わせ
わたしにテレパシーを示す

元気に生きよ！と

今　世界に起きている

国と国への不適合《ふてきごう》なにらみ合い
核《かく》の問題《もんだい》と
人と人との戦《いくさ》の中でも
ちっぽけな平和《へいわ》を望《のぞ》みながら
どうすることも出来ない鎖《くさり》にからまれても
人間同士《どうし》の思いやりを忘れないで
世界中《せかいじゅう》の人々へ
微笑《ほほえ》みを忘れないで　と

元気に生きよ！と
確《たし》かに受《う》け取《と》りました
わたしは

Ⅲ

うさぎ

私は長い道のりを
歩いてきたと思う
人は苦しいことが　いっぱいあっても
それでも　生きていかなければ
ならない時がある
歯をくいしばって
苦しいことも　悲しいことにも
下を向いて　じーっと堪《た》えて
だまって歩き続けると

いつか　足元が明るくなっていくことがある
そして急に　足が軽くなって
はねるように歩いていくと
目の前が明るくなっていく

今までのことが
うそのように思える時
苦しい思い出も
笑《わら》い話《ばなし》のように思える時まで

わたしはおく病な一匹《いっぴき》のうさぎになって
前を向いて歩いてきた

そして新しい発見や
たくさんの人々との出会い
楽し気《げ》な会話や　情熱《じょうねつ》に
耳をそば立てて
前を向いて
いっしょうけんめい歩いてきたと思う

わたしの心の中に住んでいる
一匹のうさぎと共《とも》に

ふるえる

心がふるえる
心がふるえる　ということは
心が病気になりかけていること？

戦争で　たくさんの子どもが死んだ
わたしと　おなじくらいの子ども
わたしが幼《おさな》い時に見た中国の風景《ふうけい》の中に

その子は
大きな目をあけて　りょう手を空へ
あかるい光を　さわろうとして
さびしそうな目をしていた

わたしの心は　いつもふるえる
その子を思い出すたびに　ふるえる
わたしの心が
かたい氷山《ひょうざん》に閉《と》じこめられたように

この世の中にある
悲しみと　苦しみを
わたしは　忘《わす》れない

明日《あした》に向かって
生きていくために
いつも
心がふるえることを　忘れない

鐘《かね》の音

秋の夕べ
キーン　コーン
キーン　コーン　カーン
すんだ音が聞こえる
空気をふるわせて

戦いの町で
狙撃《そげき》を受けて　崩《くず》れかけている建物
道も橋も壁《かべ》も

人影《ひとかげ》も無《な》く
崩壊《ほうかい》している町の中で
その遠い向こうから
鐘を鳴らしているのは誰《だれ》？

戦争の長期化《ちょうきか》で
住めなくなったわたしの家
生活が出来なくなったので
わたし達は　今日も引越《ひっこ》しするの
明日はどこへ？
弟は大ケガをしているの
泣《な》かないで

あなたが泣くと
わたしも大声で泣きたくなるの

キーン　コーン
キーン　コーン　カーン

悲しみの町の中で
涙《なみだ》をふいている人々が
一瞬《いっしゅん》　耳をすまし
平和《へいわ》を願《ねが》う心の
背中《せなか》をそっと押《お》してくれるように
天使《てんし》の手のように温かな教会の鐘の音

誰の心の中にも
わたしの耳もとにも
赤《あか》ん坊《ぼう》のように耳をすますと
聞こえてくるその音
秋の夕べに

わたしは　この町で明日も生きていく
シリアの町で

一杯《いっぱい》の水を

白々と明《あ》けていく空気の中
台所の水道の栓《せん》をひねると
今朝《けさ》一番の水があふれ
透明《とうめい》なカップから
この一杯の水を飲《の》み干《ほ》す
このたった一杯の水を

あの遠い夏の日
わたしが五歳《さい》の時
日本は戦争に負けた

今まで住んでいた中国の大連《だいれん》の町で
緑色の屋根のレンガ造《づく》りの家は
ロシア軍に占領《せんりょう》されて追い出された

ある日　家の傍《そば》の道を通った時
わたしはノドがカラカラに乾《かわ》いていたので
母に言った
「わたし　家にもどって水を飲んでくる」
すると母は悲しそうに首をふりつぶやいた
「もうあの家は　あなたの家ではないの！」

それから間もなく

母とわたしたち兄弟は
重たいリュックを背《せ》おって
何時間も歩き　疲《つか》れはて
暗《くら》くて冷《つめ》たい収容所《しゅうようじょ》に入った

今日も世界の各地《かくち》で
戦争が繰《く》り返《かえ》されている
乾《かわ》ききった大地の上を
水を求めて歩いている子どもたち
やせた肩《かた》や　背に食《く》い込《こ》む重たい木桶《きおけ》
干《かん》ばつや　飢餓《きが》に苦《くる》しむ幼《おさな》い口元に

このたった一杯の水を
この一杯の水を飲ませてあげたいと
わたしは思う

父の思い出

あの時
春の海は　おだやかでしたね
戦争から帰った父は
毎日　島の灯台《とうだい》の下でつり糸をたれていた
家族の食物《たべもの》にするために
岸壁《がんぺき》を降《お》りて
魚やイカを捕《と》らえていたことも

あの時

父は九十歳《さい》になり　秋の庭《にわ》で
明日は終《つい》のすみ家へ引《ひ》っ越《こ》すと
決めていたのに
残《のこ》していく畑の野菜に添木《そえぎ》をしていた
父は　何を思っていたのだろう

ある時
小学生だった私に話してくれた
父は中国で敗戦後《はいせんご》に捕虜《ほりょ》になり
シベリヤへ抑留《よくりゅう》される時
雪の原野できびしい寒さに堪《た》えられず
貨車《かしゃ》のすみで小便《しょうべん》をしてしまったのを

上官兵士《じょうかんへいし》に見つかって
激《はげ》しい口調《くちょう》でののしられ
厳罪《げんざい》をうけようとした時
一人の病弱《びょうじゃく》だった兵士《へいし》が
〝私《わたし》がやりました〟と
翌日《よくじつ》　その兵士が消《き》えてしまったと
目に涙《なみだ》をためて話してくれた父

長い人生を　生き続けることは
悲しいことも
楽しいことも
苦しいことも

積《つ》み木のように積み上げて……

「烏滸《おこ》がましい」という言葉のように

人はいつか許《ゆる》されて

鳥のように自由《じゆう》な心になって

たくさんの思い出を　わたしに残《のこ》して

次の世に　飛《と》んでいったのですね

イワシ

昭和《しょうわ》二十二年の春　七歳の時
戦後《せんご》の日本は生活が貧《まず》しかった
ごはんも満足《まんぞく》に食べられなかった
ある日　母さんが病気《びょうき》になって
わたしに　お使《つか》いを頼《たの》んだ
「イワシ　買《こ》うてきて」

手に五円玉一つ　にぎらせて
胸《むね》をドキドキさせて魚屋《さかなや》に行くと
木の箱《はこ》の中にイワシがたくさん
手ぬぐいでハチ巻《まき》したお兄さんに
「イワシちょうだい！」と言うと
「そんな小銭《こぜに》じゃ売れないよ」と

それから……それから……
わたしの胸《むね》の中で何かがはじけた
気がつくと足がかってに動《うご》いて

木の箱をけっとばして　走って帰った
母さんの　悲《かな》しそうな顔がうかんだ
後ろで男の人の　さけび声がした

銀色《ぎんいろ》にキラキラ光っていたイワシ
黒い目がじーっとわたしを見ていた

そして　わたしは大きくなった
ある日　気がつくと胸の中で
銀色のイワシがぐんぐん泳《およ》ぐ
今でも　わたしの大きな海の中で
イワシを追《お》いかけている

夕暮《ゆうぐ》れの電車の中で

電車の窓《まど》が　うす青くそまる頃
一人のおばあさんが　座席《ざせき》にすわっていた

白髪《しらが》に古い毛糸の帽子《ぼうし》
着ているものは　みすぼらしく
手には二つの大きな袋《ふくろ》
どこか遠くから歩いてきたのか
疲《つか》れた表情《ひょうじょう》で
体から埃《ほこ》りと汗《あせ》の匂《にお》いが漂《ただよ》って

座席で　丸くうずくまって眠っている

明るい電車の中で
多くの人々は
遠くから見ているだけで誰も声をかけない
そこだけは　暗《くら》い森の影《かげ》のように
静まりかえっている

長い　長い旅をしてきた人よ
あなたにも
かがやかしい　若《わか》い時があり
夢見《ゆめみ》がちな　少女の日々も

生きることの　悲しみや　喜びの日も
人は　みな同じ道を通り
同じように　いつか年を取り
老《お》いた日々を　むかえることだろう

おばあちゃん　これからどこへ行くの？
今日も　生きてきて　よかったね！

わたしは心の中で　つぶやく
夕暮れの中　電車は走っている

あとがき

私が子どもの頃、将来の自分がどんな大人になっているのか、現在の自分の姿など想像も出来ませんでした。中国で生まれた時から戦争の風景の中で、どうやって生きていくのか、生きる事は何なのか？　全く判りませんでした。大人になって結婚して、ふと気がつくと……私は夢中になって文章を書き絵を描いていました。私の体の中に眠っていた何かがとび出したように。私の胸の中にいつも忘れられない中国の風景があり、その風景の中の子ども達。戦争中の中国の厳しい寒さの中で、置きざりにされた悲しい目をした孤児たちの目がいつも私の背を押していました。〝あの子どもはその後どうしたのだろう〟と。私が児童文学を志す原点の風景なのかもしれません。

今回は詩と水墨画で詩集を編むことが出来ましたことを嬉しく思っています。水墨画は中国美術の長い歴史と奥深い芸術性に富んだ墨と筆から生まれる世界を、浙江省杭州市出身の王凱氏に学びました。そして私の我儘を聞いて編集してくださった銀の鈴社の皆様と柴崎俊子様又ご助言を頂いた、はたちよしこ様に心より感謝申し上げます。

二〇一八年一月

小沢千恵

この美しい空や海と自然の風景にあふれている地球、又たくさんの国の人々が住んでいるこの地球の上で、人々が憎しみ合う戦争、悲しみや苦しみを生み出す戦争を二度と繰り返さないようにして欲しいと切に願います。このやわらかな地球の上で、たくさんの人々と平和に生きていきたいと願っています。

そして、今は亡き愛しい人々に、水墨画の「慕情」の絵を捧げます。

国際書画大賞展
審査員特別賞受賞作品

詩・画　小沢千恵（おざわちえ）／本名・轟千恵（とどろきちえ）
1940年　中国黒龍江省に生まれる
日本童話会（後藤楢根）に学び、その後、詩作に転向する
詩　集　『つるばら』（らくだ出版）、『君が好きだよ』『ちりん』（花神社）、
『八朔の風』（詩画工房）
エッセイ集　『黄色い花』（詩歌文学刊行社）、『とどちゃん・コーヒー飲む？』（成巧社）
共　著　『愛と平和の物語』（日本標準）、CD『猪本隆 語り歌曲集・悲歌』（音楽之友社）、『子どもに伝えたい戦争と平和の詩100』（たんぽぽ出版）、『現代少年詩集』（教育出版センター）、『子どものための少年詩集』（銀の鈴社）ほか多数
2014年　第17回日本自費出版文化賞入選

所属　日本児童文学者協会、少年詩・童謡・詩論研究会、こだま同人、日中国際絵画交友会会員
2009年　国際書画大賞展　新人賞
2012年　日中平和賞
2017年　劉海粟記念賞　等々

NDC911
神奈川　銀の鈴社　2018
92頁　21cm（やわらかな地球）

ジュニアポエムシリーズ　274　2018年2月4日初版発行
本体1,600円＋税

やわらかな地球

著　者　小沢千恵© 詩・画©
発行者　柴崎聡・西野真由美
編集発行　㈱銀の鈴社　TEL 0467-61-1930　FAX 0467-61-1931
〒248-0017　神奈川県鎌倉市佐助1-10-22佐助庵
http://www.ginsuzu.com
E-mail info@ginsuzu.com

ISBN978－4－86618－034－2　C8092
落丁・乱丁本はお取り替え致します
印刷　電算印刷
製本　渋谷文泉閣

…ジュニアポエムシリーズ…

1 鈴木敏史・詩集 宮下琢郎・絵 星の美しい村 ★☆
2 小池知子・詩集 高志孝子・絵 おにわいっぱいぼくのなまえ ★☆
3 鶴岡千代子・詩集 武田淑子・絵 白い虹 児文芸新人賞
4 楠木しげお・詩集 久保雅勇・絵 カワウソの帽子
5 津坂治男・詩集 垣内美穂・絵 大きくなったら ★◇
6 後藤れい子・詩集 山本まつ子・絵 あくたれぼうずのかぞえうた
7 北村蔦子・詩集 柿本幸造・絵 あかちんらくがき
8 吉田瑞穂・詩集 吉田翠・絵 しおまねきと少年 ⊠★◎
9 新川和江・詩集 葉祥明・絵 野のまつり ★☆
10 阪田寛夫・詩集 織茂恭子・絵 夕方のにおい ◆★☆○
11 高田敏子・詩集 若山憲・絵 枯れ葉と星 ★☆
12 原田直友・詩集 吉田翠・絵 スイッチョの歌 ★◎
13 小林純一・詩集 久保雅勇・絵 茂作じいさん ◉★☆●◎
14 谷川俊太郎・詩集 長新太・絵 地球へのピクニック ★◎
15 与田準一・詩集 深沢省三・深沢紅子・絵 ゆめみることば ★

16 岸田衿子・詩集 中谷千代子・絵 だれもいそがない村
17 江間章子・詩集 榊原直美・絵 水と風 ◇◎
18 原田直友・詩集 小野まり・絵 虹―村の風景― ★
19 福田正夫・詩集 福田達夫・絵 星の輝く海 ★☆
20 草野心平・詩集 長野ヒデ子・絵 げんげと蛙 ★☆○◇
21 宮田滋子・詩集 青木まさる・絵 手紙のおうち ☆○
22 久保田昭三・詩集 斎藤彬子・絵 のはらでさきたい
23 鶴岡千代子・詩集 加倉井和夫・武田淑子・絵 白いクジャク ★●
24 尾上尚子・詩集 まど・みちお・絵 そらいろのビー玉 ★☆ 児文協新人賞
25 水上紅・詩集 深沢紅子・絵 私のすばる ☆
26 野呂昶・詩集 福島一二三・絵 おとのかだん ★
27 こやま峰子・詩集 武田淑子・絵 さんかくじょうぎ ☆
28 青戸かいち・詩集 駒宮録郎・絵 ぞうの子だって
29 まきたかし・詩集 福田達夫・絵 いつか君の花咲くとき ★☆♡
30 薩摩忠・詩集 駒宮録郎・絵 まっかな秋 ★☆♡

31 新川和江・詩集 福島一二三・絵 ヤァ!ヤナギの木 ★☆○♡
32 井上靖・詩集 駒宮録郎・絵 シリア沙漠の少年 ★☆♡
33 古村徹三 詩・絵 笑いの神さま
34 江上波夫・詩集 青空風太郎・絵 ミスター人類 ○☆
35 秋原秀夫・詩集 鈴木義治・絵 風の記憶 ★◎
36 水村三千夫・詩集 武田淑子・絵 鳩を飛ばす
37 久冨純江・詩集 渡辺安芸夫・絵 風車 クッキングポエム
38 日野生三・詩集 吉野晃希男・絵 雲のスフィンクス ★
39 佐藤雅子・詩集 佐藤太清・広瀬きよみ・絵 五月の風 ★
40 小黒恵子・詩集 武田淑子・絵 モンキーパズル ★
41 木村信子・詩集 山本典子・絵 でていった
42 中野栄子・詩集 吉田翠・絵 風のうた ☆
43 宮田滋子・詩集 牧村慶子・絵 絵をかく夕日 ★
44 大久保ティ子・詩集 渡辺安芸夫・絵 はたけの詩 ★☆
45 秋原秀夫・詩集 赤星亮衛・絵 ちいさなともだち ♥

☆日本図書館協会選定（2015年度で終了）　●日本童謡賞　♧岡山県選定図書　◇岩手県選定図書
★全国学校図書館協議会選定（SLA）　♡日本子どもの本研究会選定　◆京都府選定図書
□少年詩賞　■茨城県すいせん図書　♥秋田県選定図書　⊠芸術選奨文部大臣賞
○厚生省中央児童福祉審議会すいせん図書　♣愛媛県教育会すいせん図書　◉赤い鳥文学賞　◆赤い靴賞

…ジュニアポエムシリーズ…

46 日友靖子詩集 藤城清治・安西明美・絵 猫曜日だから ◆☆
47 秋葉てる代詩集 武田淑子・絵 ハープムーンの夜に ♡
48 こやま峰子詩集 山本省三・絵 はじめのいーっぽ ★♡
49 黒柳啓子詩集 金子滋・絵 砂かけ狐 ♡
50 三枝ますみ詩集 武田淑子・絵 ピカソの絵 ☆♡●
51 夢虹二詩集 武田淑子・絵 とんぼの中にぼくがいる ♡○♥
52 はたちよしこ詩集 まど・みちお・絵 レモンの車輪 □♧
53 大岡信詩集 葉祥明・絵 朝の頌歌 ★☆♡♥◎
54 吉田瑞穂詩集 吉田翠・絵 オホーツク海の月 ★☆♡
55 さとう恭子詩集 村上保・絵 銀のしぶき ★☆♡
56 星乃ミミナ詩集 葉祥明・絵 星空の旅人 ★☆♡
57 葉祥明 詩・絵 ありがとう そよ風 ★♡▲
58 青戸かいち詩集 初山滋・絵 双葉と風
59 小野ルミ詩集 和田誠・絵 ゆきふるるん ★☆●♡
60 なぐもはるき 詩・絵 たったひとりの読者 ★♡♧

61 小関秀夫詩集 小倉玲子・絵 風《かざ》栞《しおり》 ★♡♥
62 海沼松世詩集 守下さおり・絵 かげろうのなか ☆♡
63 山本龍生詩集 小倉玲子・絵 春行き一番列車 ♡
64 小泉周二詩集 深沢省三・絵 こもりうた ★☆♡
65 かわてせいぞう詩集 若山憲・絵 野原のなかで ♡★♥
66 えぐちまき詩集 赤星亮衛・絵 ぞうのかばん ♡◆♥
67 池田あきつ詩集 小倉玲子・絵 天気雨 ♡
68 藤井則行詩集 君島美知子・絵 友へ ♡♤
69 藤哲生詩集 武田淑子・絵 秋いっぱい ★♠
70 日友靖子詩集 深沢紅子・絵 花天使を見ましたか ★
71 吉田瑞穂詩集 吉田翠・絵 はるおのかきの木 ★
72 小島禄琅詩集 中村陽子・絵 海を越えた蝶 ★☆♡♥
73 にしおまさこ詩集 杉田幸子・絵 あひるの子 ★
74 山下竹二詩集 徳田徳志芸・絵 レモンの木 ★
75 高崎乃理子詩集 奥山英俊・絵 おかあさんの庭 ★♡

76 檜きみこ詩集 広瀬弦・絵 しっぽいっぽん ★●□☆♡
77 たかはしけいこ詩集 高田三郎・絵 おかあさんのにおい ♡♣□
78 星乃ミミナ詩集 深澤邦朗・絵 花かんむり ♥☆♡
79 佐藤照雄詩集 津波信久・絵 沖縄 風と少年 ☆♡★
80 相馬梅子詩集 やなせたかし・絵 真珠のように ♥★
81 小島禄琅詩集 深沢紅子・絵 地球がすきだ ★
82 鈴木美智子詩集 黒澤梧郎・絵 龍のとぶ村 ◇★♥
83 いがらしれいこ詩集 高田三郎・絵 小さなてのひら ☆
84 宮入黎子詩集 小倉玲子・絵 春のトランペット ☆★
85 下田喜久美詩集 方振寧・絵 ルビーの空気をすいました ☆
86 野呂昶詩集 方振寧・絵 銀の矢ふれふれ ★
87 ちよはらまちこ詩集 ちよはらまちこ・絵 パリパリサラダ ★
88 秋原秀夫詩集 徳田徳志芸・絵 地球のうた ☆★
89 中島あやこ詩集 井上緑・絵 もうひとつの部屋 ★
90 藤川こうのすけ詩集 葉祥明・絵 こころインデックス ☆

✲サトウハチロー賞　✣毎日童謡賞　♠奈良県教育研究会すいせん図書
三木露風賞　北海道選定図書　三越左千夫少年詩賞
♤福井県すいせん図書　◇静岡県すいせん図書
▲神奈川県児童福祉審議会推薦優良図書　◎学校図書館図書整備協会選定図書（SLBA）

…ジュニアポエムシリーズ…

91 新井　和詩集・高田　三郎絵　おばあちゃんの手紙 ☆★
92 はなわたえこ詩集・えばとかつこ絵　みずたまりのへんじ ★●
93 柏木恵美子詩集・武田　淑子絵　花のなかの先生 ☆
94 中原千津子詩集・寺内　直美絵　鳩への手紙 ★
95 髙瀬美代子詩集・小倉　玲子絵　仲なおり ★
96 杉本深由起詩集・若山　憲絵　トマトのきぶん ☆★◎ 児文芸新人賞
97 宍倉さとし詩集・守下さおり絵　海は青いとはかぎらない ♧
98 石井　英行詩集・有賀　忍絵　おじいちゃんの友だち ■
99 なかのひろ詩集・アサト・シェラ絵　とうさんのラブレター ☆★
100 小松　静江詩集・藤川　秀之絵　古自転車のバットマン
101 石原　一輝詩集・加藤　真夢絵　空になりたい ☆❖★
102 小泉　周二詩集・西　真里子絵　誕生日の朝 ☆■★
103 くすのきしげのり童謡・わたなべあきお絵　いちにのさんかんび ☆★
104 成本　和子詩集・小倉　玲子絵　生まれておいで ☆★♡♧❖
105 伊藤　政弘詩集・小倉　玲子絵　心のかたちをした化石 ★

106 川崎　洋子詩集・井戸　妙子絵　ハンカチの木 □★☆
107 柘植　愛子詩集・油野　誠一絵　はずかしがりやのコジュケイ ❖
108 新谷智恵子詩集・葉　祥明絵　風をください ☆●◈♡✣☼
109 金親　尚子詩集・牧　進絵　あたたかな大地 ☆
110 黒柳　啓子詩集・吉田　翠絵　父ちゃんの足音 ☆♡★□
111 富田　栄子詩集・油野　誠一絵　にんじん笛 ♡☆
112 原　国子詩集・高畠　純絵　ゆうべのうちに ☆△
113 宇部　京子詩集・スズキコージ絵　よいお天気の日に ○☆□◇●★
114 武鹿　悦子詩集・牧野　鈴子絵　お花見 ☆□
115 山本なおこ詩集・梅田　俊作絵　さりさりと雪の降る日 ☆★
116 小林比呂古詩集・おおた慶文絵　ねこのみち ☆
117 後藤れい子詩集・渡辺あきお絵　どろんこアイスクリーム ☆
118 重清　良吉詩集・高田　三郎絵　草の上 ☆◆□★❀
119 宮中　雲子詩集・西　真里子絵　どんな音がするでしょか ✲★
120 前山　敬子詩集・若山　憲絵　のんびりくらげ ☆★

121 川端　律子詩集・若山　憲絵　地球の星の上で ♡
122 たかはしけいこ詩集・織茂　恭子絵　とうちゃん ♡★❀♣
123 宮田　滋子詩集・深澤　邦朗絵　星の家族 ☆●
124 国沢たまき詩集・唐沢　静絵　新しい空がある
125 池田あきつ詩集・小倉　玲子絵　かえるの国 ★
126 黒田　恵子詩集・倉島千賀子絵　ボクのすきなおばあちゃん ☆★♡
127 垣内　磯子詩集・宮崎　照代絵　よなかのしまうまバス ☆♡★
128 小泉　周二詩集・佐藤　平八絵　太陽へ ❀☆★♡●
129 中島　和子詩集・秋里　信子絵　青い地球としゃぼんだま ☆★
130 のろさかん詩集・福島一二三絵　天のたて琴 ☆
131 加藤　丈夫詩集・葉　祥明絵　ただ今　受信中 ☆★
132 北原　悠子詩集・深沢　紅子絵　あなたがいるから ♡
133 池田もと子詩集・小倉　玲子絵　おんぷになって ♡
134 鈴木　初江詩集・吉田　翠絵　はねだしの百合 ★
135 垣内　磯子詩集・今井　俊絵　かなしいときには ★

△長野県教育委員会すいせん図書　☆(財)日本動物愛護協会推薦図書
◈茨城県推奨図書

…ジュニアポエムシリーズ…

136 秋葉てる代詩集 やなせたかし・絵 おかしのすきな魔法使い ●★

137 青戸かいち詩集 永田萠・絵 小さなさようなら ❀★

138 柏木恵美子詩集 高田三郎・絵 雨のシロホン ♡★

139 藤井則行詩集 阿見みどり・絵 春だから ♡★◎

140 黒田勲子詩集 山中冬児・絵 いのちのみちを

141 南郷芳明詩集 的場豊子・絵 花時計

142 やなせたかし 詩・絵 生きているってふしぎだな

143 内田麟太郎詩集 斎藤隆夫・絵 うみがわらっている

144 しまざきふみ詩集 島崎奈緒・絵 こねこのゆめ ♡

145 糸永えつこ詩集 武井武雄・絵 ふしぎの部屋から ♡

146 石坂きみこ詩集 鈴木英二・絵 風の中へ ♡

147 坂本のこ詩集 坂本こう・絵 ぼくの居場所 ♡

148 島村木綿子 詩・絵 森のたまご ❀

149 楠木しげお詩集 わたせせいぞう・絵 まみちゃんのネコ ★

150 牛尾良子詩集 上矢津・絵 おかあさんの気持ち ♡

151 三越左千夫詩集 阿見みどり・絵 せかいでいちばん大きなかがみ ★

152 水村三千夫詩集 高見八重子・絵 月と子ねずみ

153 川越文子詩集 横松桃子・絵 ぼくの一歩ふしぎだね ★

154 すずきゆかり詩集 葉祥明・絵 まっすぐ空へ

155 西田純詩集 葉祥明・絵 木の声水の声

156 清野倭文子詩集 水科舞・絵 ちいさな秘《ひ》密《みつ》

157 川奈静詩集 直江みちる・絵 浜ひるがおはパラボラアンテナ ★◎

158 若木良水詩集 西真里子・絵 光と風の中で

159 牧陽子詩集 渡辺あきお・絵 ねこの詩 ★◎

160 宮田滋子詩集 阿見みどり・絵 愛一輪 ★◎

161 井上灯美子詩集 唐沢静・絵 ことばのくさり ☆●

162 滝波万理子詩集 滝波裕子・絵 みんな王《おう》様《さま》 ★●

163 冨岡みち詩集 関口コオ・絵 かぞえられへんせんぞさん ★

164 垣内磯子詩集 辻恵子・切り絵 緑色のライオン ★◎

165 すぎもとれいこ詩集 平井辰夫・絵 ちょっといいことあったとき ★

166 岡田喜代子詩集 おぐらひろかず・絵 千年の音 ★☆◎

167 川奈静詩集 直江みちる・絵 ひもの屋さんの空 ★◎☆♥♡

168 鶴岡千代子詩集 武田淑子・絵 白い花火 ★☆

169 井上灯美子詩集 唐沢静・絵 ちいさい空をノックノック ★◎☆

170 尾崎杏子詩集 ひなた山すじゅう郎・絵 海辺のほいくえん ☆♡★◎

171 柘植愛子詩集 やなせたかし・絵 たんぽぽ線路 ☆♡★◎●

172 小林比呂古詩集 うめざわのりお・絵 横須賀スケッチ ☆★◎♡▲

173 林佐知子詩集 串田敦子・絵 きょうという日 ☆★◎♡▲

174 後藤基宗子詩集 岡澤由紀子・絵 風とあくしゅ ☆♥★◎♡

175 土屋律子詩集 高瀬のぶえ・絵 るすばんカレー ☆♡★◎▲

176 三輪アイ子詩集 深沢邦朗・絵 かたぐるましてよ ★☆♡

177 田辺瑞美子詩集 西真里子・絵 地球賛歌 ☆★◎

178 高瀬美代子詩集 小倉玲子・絵 オカリナを吹く少女 ☆♡

179 中野惠子詩集 串田敦子・絵 コロポックルでておいで ★♡☆●

180 松井節子詩集 阿見みどり・絵 風が遊びにきている ★☆♡▲

…ジュニアポエムシリーズ…

…ジュニアポエムシリーズ…

226 おばらいちこ詩集 髙見八重子・絵 ぞうのジャンボ ☆★♡

227 吉田房子詩集 本田あまね・絵 まわしてみたい石臼 ★♡

228 吉田房子詩集 阿見みどり・絵 花 詩 集 ★♡◎

229 田中たみ子詩集 唐沢静・絵 へこたれんよ ★◎

230 林佐知子詩集 串田敦子・絵 この空につながる ★♡

231 藤本美智子 詩・絵 心のふうせん ★♡

232 火星雅範詩集 西川律子・絵 ささぶねうかべたよ ★♡▲

233 吉田房子詩集 岸田歌子・絵 ゆりかごのうた ★♡

234 むらかみみちこ詩集 むらかみみちこ むらかみあくる・絵 風のゆうびんやさん ★♡

235 白谷玲花詩集 阿見みどり・絵 柳川白秋めぐりの詩 ★♡

236 ほさかとしこ詩集 内山つとむ・絵 神さまと小鳥 ★☆♡

237 内田麟太郎詩集 長野ヒデ子・絵 まぜごはん ☆★◎♡▲

238 小林比呂古詩集 出口雄大・絵 きりりと一直線 ♡★

239 牛尾良子詩集 おぐらひろかず・絵 うしの土鈴とうさぎの土鈴 ★◎♡

240 山本純子詩集 ルイコ・絵 ふ ふ ふ ★♡☆◎

241 神田亮 詩・絵 天使の翼 ★☆♡

242 かんざわみえ詩集 阿見みどり・絵 子供の心大人の心さ迷いながら ☆★◎▲

243 永田喜久男詩集 内山つとむ・絵 つながっていく ★☆♡

244 浜野木碧 詩・絵 海原散歩 ☆★◎♡

245 やまうち・しゅうへい詩集 山本省三・絵 風のおくりもの ☆★◎♡

246 すぎもとれいこ 詩・絵 てんきになあれ ★◎

247 冨岡みち詩集 加藤真夢・絵 地球は家族 ひとつだよ ♡☆◎★

248 北野千賀詩集 滝波裕子・絵 花束のように ♡☆★◎

249 石原一輝詩集 加藤真夢・絵 ぼくらのうた ♡★◎

250 土屋律子詩集 高瀬のぶえ・絵 まほうのくつ ♡☆★◎

251 津坂治男詩集 井上良子・絵 白い太陽 ☆♡★◎

252 石井英行詩集 よしだちなつ・表紙絵 野原くん ☆★♡◎▲

253 井上灯美子詩集 唐沢静・絵 たからもの ☆♡★

254 大竹典子詩集 加藤真夢・絵 おたんじょう ☆★

255 たかはしけいこ詩集 織茂恭子・絵 流 れ 星 ★♡

256 谷川俊太郎詩集 下田昌克・絵 そ し て ♡★◎

257 なんば・みちこ詩集 布下満・絵 トックントックン 大空で大地で ★◎

258 宮本美智子詩集 阿見みどり・絵 夢の中に そっと ★◎♡

259 成本和子詩集 阿見みどり・絵 天使の梯子 ★◎

260 海野文音詩集 牧野鈴子・絵 ナンドデモ ★♡

261 熊谷本郷詩集 永田萠・絵 かあさん かあさん ★♡

262 大楠翠詩集 吉野晃希男・絵 おにいちゃんの紙飛行機 ★♡●

263 久保恵子詩集 たかせちなつ・絵 わたしの心は 風に舞う ★♡

264 みずかみさやか詩集 葉祥明・絵 五月の空のように ★♡

265 尾崎昭代詩集 中辻アヤ子・絵 たんぽぽの日 ★

266 はやしゆみ詩集 渡辺あきお・絵 わたしはきっと小鳥 ★

267 田沢節子詩集 永田萠・絵 わき水ぷっくん △★♡

268 柘植愛子詩集 そねはらまさえ・絵 赤いながぐつ ★♡

269 馬場与志子詩集 日向山寿十郎・絵 ジャンケンポンでかくれんぼ ♡

270 内田麟太郎詩集 高畠純・絵 たぬきのたまご

…ジュニアポエムシリーズ…

271 むらかみみちこ 詩・絵　家族のアルバム

272 井上　和子詩集　吉田　瑠美・絵　風のあかちゃん

273 佐藤　一志詩集　日向山寿十郎・絵　自然の不思議

274 小沢　千恵 詩・絵　やわらかな地球

275 あべこうぞう詩集　大谷さなえ・絵　生きているしるし

276 宮田　滋子詩集　田中　槇子・絵　チューリップのこもりうた

277 林　佐知子詩集　葉　祥明・絵　空の日

278 石谷　陽子詩集　髙見八重子・絵　ゆれる悲しみ

＊刊行の順番はシリーズ番号と異なる場合があります。

ジュニアポエムシリーズは、子どもにもわかる言葉で真実の世界をうたう個人詩集のシリーズです。

本シリーズからは、毎回多くの作品が教科書等の掲載詩に選ばれており、1974年以来、全国の小・中学校の図書館や公共図書館等で、長く、広く、読み継がれています。

心を育むポエムの世界。

一人でも多くの子どもや大人に豊かなポエムの世界が届くよう、ジュニアポエムシリーズはこれからも小さな灯をともし続けて参ります。

銀の小箱シリーズ

- 葉　祥明 詩・絵　小さな庭
- 若山　憲 詩・絵　白い煙突
- こばやしひろこ・詩　うめざわのりお・絵　みんななかよし
- 江口正子・詩　油野誠一・絵　みてみたい
- やなせたかし 詩・絵　あこがれよなかよくしよう
- 冨岡みち・詩　関口コオ・絵　ないしょやで
- 小林比呂古・詩　神谷健雄・絵　花かたみ
- 小泉周二・詩　辻友紀子・絵　誕生日・おめでとう
- 柏原耿子・詩　阿見みどり・絵　アハハ・ウフフ・オホホ★♡▲
- こばやしひろこ・詩　うめざわのりお・絵　ジャムパンみたいなお月さま★▲

銀の鈴文庫

- 小沢千恵・詩　下田昌克・絵　あのこ

すずのねえほん

- たかはしけいこ・詩　中釜浩一郎・絵　わたし★◎
- 尾上尚子・詩　小倉玲子・絵　ぽわぽわん
- 糸永えつこ・詩　高見八重子・絵　はるなつあきふゆもうひとつ★児文芸新人賞
- 山口敦子・詩　高橋宏幸・絵　ばあばとあそぼう
- あらい・まさはる・童謡　しのはらはれみ・絵　けさいちばんのおはようさん
- 佐藤雅子・詩　佐藤太清・絵　こもりうたのように●日本童謡賞　美しい日本の12ヵ月
- 柏木隆雄・詩　やなせたかし他・絵　かんさつ日記★♡

アンソロジー

- 渡辺浦人・編　村上保・絵　赤い鳥　青い鳥●
- わたげの会・編　渡辺あきお・絵　花ひらく★
- 木曜会・編　西真里子・絵　いまも星はでている★
- 木曜会・編　西真里子・絵　いったりきたり♡
- 木曜会・編　西真里子・絵　宇宙からのメッセージ
- 木曜会・編　西真里子・絵　地球のキャッチボール★◎
- 木曜会・編　西真里子・絵　おにぎりとんがった☆★◎
- 木曜会・編　西真里子・絵　みぃーつけた♡★◎
- 木曜会・編　西真里子・絵　ドキドキがとまらない
- 木曜会・編　西真里子・絵　神さまのお通り★
- 木曜会・編　西真里子・絵　公園の日だまりで★♡
- 木曜会・編　西真里子・絵　ねこがのびをする♡★

掌の本 アンソロジー

- こころの詩Ⅰ
- しぜんの詩Ⅰ
- いのちの詩Ⅰ
- ありがとうの詩Ⅰ
- 詩集　希望
- 詩集　家族
- いのちの詩集―いきものと野菜
- ことばの詩集―方言と手紙
- 詩集―夢・おめでとう
- 詩集―ふるさと・旅立ち

心に残る本を　そっとポケットに　しのばせて…
・A7判（文庫本の半分サイズ）　・上製、箔押し